# 라 파트리치오,
# 그리고 동쪽 바다 묵호

## 라 파트리치오,
## 그리고 동쪽 바다 묵호

초판발행일 | 2018. 6. 10
재판발행일 | 2022. 12. 21

발행인 | 천주교 묵호성당 주임신부 김재복 모세
글　　 | 권석순 데레사
감수　 | 춘천교구 교회사연구소장 신정호 모세
펴낸곳 | 천주교 춘천교구 묵호성당
　　　　강원도 동해시 발한로 161 (우)25722
　　　　전화 033-535-8455
편집·인쇄 | 도서출판 청옥
　　　　강원도 동해시 평원로 40
　　　　033-522-5800

ISBN 978-89-92445-71-9
ⓒ2018 천주교 춘천교구 묵호성당

값 8,000원

# 라 파트리치오,
# 그리고 동쪽 바다 묵호

글 · 권석순 데레사

감수 · 춘천교구 교회사연구소장 신정호(모세)

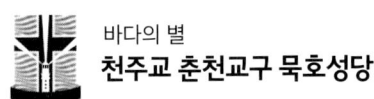

바다의 별
**천주교 춘천교구 묵호성당**

# 서문

 한국 천주교회가 시복시성 운동 중인 "'하느님의 종' 홍용호 프란치스코 보르지아 주교와 동료 80위"에는 한국전쟁 중 춘천교구에서 사목하다 순교하신 한국인 사제 3위와 골롬반 외방 선교회 사제 4위가 포함되어 있습니다. 동해 묵호 본당에서 선교사로 활동하신 착한 목자 라 파트리치오Patrick Reilly 신부님도 그중 한 분이십니다. 신부님은 전쟁 중에 피난 가기를 거부하고 교우들과 함께하시다 북한군에게 체포되어 강릉 방향으로 끌려가던 중 순교하셨습니다.

 순교자를 기억할 때 우리는 체포와 순교 장면에만 초점을 맞출 때가 많습니다. 라 신부님에 대해서도 남봉길 회장님 댁에서 체포당하시고, 밤재굴 근처 골짜기에서 총살당하셨다는 정도만 알고 있는 분들이 많습니다. 하지만 라 신부님의 삶에서 우리가 바라보고

배워야 할 부분이 어찌 체포와 순교뿐이겠습니까? 우리의 생에 신앙 때문에 체포당하고 순교할 기회를 얻을 사람은 거의 없습니다. 그러니 신앙인들이 라 신부님의 삶에서 순교 장면보다 더 세심히 들여다보아야 할 부분은 목숨을 내어놓으면서까지 증거하고자 하셨던 주님을 향한 신앙, 그리고 교우들에 대한 사랑입니다. 또 무엇이 신부님의 이런 신앙과 사랑을 가능하게 했는지도 묵상해 보아야 합니다.

라 신부님의 순교터는 지금도 인적이 드문 외딴곳입니다. 그래서 순교터에 가만히 앉아 있으면 신부님의 온 생애가 외롭고 고독하셨을 것 같은 착각도 듭니다. 순교 장소뿐 아니라, 숨소리조차 내기 어려웠던 남 회장님 댁의 어두운 작은 골방도 그런 생각을 하게 됩니다. 그런데 감사하게도 이 작은 책자는 라 신부님이 걸으신 길이 그저 외롭지만은 않았음을 잘 보여줍니다. 신부님의 생애 곳곳에 등장하는 선한 교우들과 든든한 동료 사제들이 라 신부님께 얼마나 큰 힘이 되었을지 짐작이 갑니다. 라 신부님은 이들을 통해 하느님께서 당신과 함께하심을 느끼셨고, 당신에게 주어진 십자가를 지고 갈 힘을 얻었을 것입니다.

라 신부님께서 순교하신 장소는 희망의 터가 되었습니다. 이제는 많은 분이 이 책에 담긴 신부님의 삶 안에서도 희망을 찾을 수 있기를 바랍니다. 더불어 라 신부님께서 동료들과 함께 당신의 길을 걸었듯, 우리도 손을 맞잡고 하느님 나라로 향하는 길을 기쁘게 걸을 수 있기를 희망합니다.

라 신부님의 삶은 물론이고, 신부님의 좋은 동료였던 교우들과 사제들의 영성까지 묵상할 수 있도록 이끌어 주는 책을 허락해주신 하느님께 감사와 찬미를 드립니다.

2022년 12월 21일

춘천교구 교회사연구소장/소양로성당 주임

신정호 모세

# 작가의 말

1974년 어느 날, 묵호성당 마당에 '라 파트리치오 신부 순교비'가 세워졌습니다. 그때였습니다. 제가 라 신부님을 처음 만난 것은.

이 순교비는 라 신부님과 같은 고향(아일랜드 웨스트미스 주) 출신으로, 제7대 묵호성당 주임이셨던 옥 베르나르도 신부님 때 건립되었습니다. 당시 전교회장이었던 아버지(권성록, 요셉)와 성당 안 사택에서 생활했던 저는 수시로 순교비 앞에 서서 라 신부님의 숨결을 느끼곤 했습니다. 그리고 이후에 알게 되었습니다. 1976년 『강원일보』 신춘문예에 당선된 저의 동화 「참이의 기도」에서 주인공이 공산당원에게 총을 겨누는 장면을 쓰게 된 것은 우연이 아니었음을…….

전기문 『라 파트리치오, 그리고 동쪽 바다 묵호』 초판이 나온 것은 2018년 6월, 묵호본당 설립 70주년 때였습니다. 라 신부님에 대한 순교의 영성이 남다르셨던 제20대 묵호성당 주임 오경택(안셀모) 신부님과 교회사연구소 소장이셨던 김주영(시몬) 신부님께서는 제가 전기문을 집필할 수 있도록 격려해 주시고 이끌어 주셨습니다. 필요한 자료와 사진을 구해 주시고 꼼꼼하게 감수해 주신 두 분이 아니었다면, 라 신부님의 지난한 삶과 순교의 영성이 어떻게 세상에 알려질 수 있었을까요?

문학은 진실을 바탕으로 합니다. 전기문도 역시 진실한 자료가 바탕이 됩니다. 한국전쟁이 터지자 라 신부님을 만우리 골방으로 피신시켰던 전교회장(남봉길, 프란치스코)의 막내딸(남옥연, 프란치스카)은 옥 신부님의 식복사였습니다. 말년에 수원에 터를 잡은 남 회장 막내딸은 병세가 짙은 몸으로도 어머니에게서 들은 라 신부님의 골방 생활에 대해 자세하게 알려주었습니다. 그녀가 아니었다면, 라 신부님의 골방 생활을 그렇게 생생하게 표현하지는 못했을 것입니다. 전화기 저편에서 저와 함께 울던 그녀는 전기문 초판이 나오고 석 달 후에 홀연히 하늘나라로 떠났습니다. 3일 후에는 라 신부님 시신 수습의 목격자였던 김종렬(요셉)도 그 뒤를 따랐습니다. 그들이 없었더라면, 라 신부님께서 피 흘린 순교터를 우린 영원히 알 수 없었을 것입니다.

전기문 『라 파트리치오, 그리고 동쪽 바다 묵호』 재판의 발행일을 라 신부님의 서품일(12월 21일)에 맞추었습니다. 이 전기문에서는 라 신부님의 묵호성당 부임일이 1949년 3월이 아니라 1949년 9월임이 새로이 밝혀짐에 따라, 내용을 부분적으로 수정하였습니다. 그 외에 인명과 지명은 '한국천주교 주교회의 시복시성특별위원회'의 자료집에 명기된 것에 따라 변경하였습니다.

  전기문 집필은 제가 하고 싶었던 일이었고, 반드시 해야만 했던 일이었습니다. 이 모든 일이 하느님의 뜻인 듯합니다. 라 신부님의 전기문을 집필할 수 있도록 도와주신 하느님께 감사드리며, 오늘도 하늘을 우러러 두 손 모읍니다.

2022년 12월 21일

권석순 데레사

라 파트리치오 (Patrick Reilly) 신부님

# 차례

서문 • 4

작가의 말 • 7

아, 동쪽 바다 묵호! • 15

묵호성당으로 오기까지 (간추린 생애) - I • 19

묵호성당으로 오기까지 (신학교 생활) - II • 21

묵호항이 눈앞에 보이는 성당에서 • 27

신자들과 함께 • 32

1950년 6월 25일, 그리고 그 후 • 37

만우리 골짜기로 향하다 • 42

골방 생활 - I • 46

골방 생활 - Ⅱ • 50

붙잡히다 • 55

조리돌림을 당하다 • 59

고난의 길, 그리고 순교 • 63

가매장되다 • 67

가묘를 쓰다 • 71

성직자 묘역에 안치되다 • 74

아하, 여기구나! (라 파트리치오 신부의 순교터) • 77

# 아, 동쪽 바다 묵호!

 붉은 해가 수평선 위로 솟구쳐 올랐다. 라 파트리치오Patrick Reilly 신부는 햇살을 가슴에 담뿍 안으며 성호를 그었다.

 '성부와 성자와 성령의 이름으로 아멘.'

 그가 동해의 일출을 처음 맞이한 것은 '바다의 별' 묵호성당 제2대 주임신부로 파견되어 온, 1949년 9월 어느 날이었다.

 성모님을 수호성인으로 모신 묵호성당. 성모님께서는 어두운 밤에 뱃길 비추는 등대처럼 모든 사람을 참신앙의 길로 안내하며 하느님의 보호를 받을 수 있도록 도와주실 거라는 생각이 들자, 그의 얼굴은 돋을볕처럼 환해졌다.

 '하느님께서 지으신 세계가 이렇게 아름답다니!'

바다는 햇살에 감겨 생선 비늘처럼 빛나고 저 멀리 바다엔 고깃배들이 평화롭게 떠 있었다.

'나도 고국 아일랜드에서 저 바다를 건너왔지.'

라 신부는 한국 땅을 밟기 위해 대서양과 태평양을 건넜던 9,000km의 여정이 새삼스러웠다. 그는 동물 싣는 화물선(오록 케빈 신부는 2018년 성 골롬반 외방선교회 100주년 특집, 『골롬반 선교』지에서 그가 '1964년에 비행기 타고 한국에 입국한 첫 사제'라고 밝혔다.)을 타고 바다를 건너왔다. 정기여객선은 뱃삯이 너무 비쌌기 때문이다. 동물들과 함께 뱃멀미하면서 폭풍우 치는 바다를 건넜던 체험은 한국 생활의 어려움을 이겨내게 할 원동력이라고, 그는 몇 번이나 고개를 끄덕였다.

갓 잡은 생선을 부두에다 부리는 어부들의 손길이 빨라지고 큰 대야에 생선을 이고 가는 아낙네들의 발걸음이 수선스러울 때쯤, 묵호항의 새벽은 깨어나고 있었다.

라 신부는 열심히 살아가는 바닷가 사람들과 자신이 함께하고 있음을 깨달았다. 그는 잠시 두 손 모아 하느님께 감사의 기도를 드리면서, 묵호성당으로 오기까지 자신의 발자취를 더듬어 보았다.

묵호항의 일출 (사진 제공: 도서출판 청옥문화)

묵호항의 아침 (사진 제공: 도서출판 청옥문화)

# 묵호성당으로 오기까지 - I
## 간추린 생애

라 파트리치오 신부는 1915년 10월 21일, 아일랜드 웨스트미스Westmeath주 드럼나니Drumraney에서 출생하여 패트릭 라일리Patrick Reilly라는 이름을 갖게 되었다. 아버지 토머스 라일리Thomas Reilly와 어머니 앨리스 라일리Alice Reilly 사이에서 맏이로 태어난 그에게는 남동생 한 명, 여동생 두 명이 있었다.

라 신부는 태어난 지 19일(1915년 11월 9일) 만에 유아세례를 받았다. 멀린가Mullingar 성 피니언Finian 대학에서 중등교육을 이수한 후, 1934년 9월 나반Navan의 달간 파크Dalgan Park 성 골롬반 외방선교회 신학교에 입학하였다. 7년(1940년 12월 21일) 후에 신학교 성당에서 사제품을 받았다.

그 후 영국 클리프턴Clifton 교구에서 6년(1941~1946,

2차 대전 중) 동안 선교활동을 하였다. 1947년 중국 상해로 건너가 1년간 한국어 공부를 마친 후, 그의 나이 33세(1948년 1월 14일)가 되어 한국에 왔다.

1948년 5월, 라 신부는 첫 번째 파견지 원주 원동성당에서 한국 신자들의 깊은 신앙심을 목격했다. 주일에는 1,100여 명의 신자들이, 평일에는 100명 이상의 신자들이 미사 참례하는 것에 깊은 감명을 받았다.

다음 파견지는 묵호였다. 1949년 9월, 강원도의 동쪽 해안에 위치한 묵호는 약 만 오천의 인구가 사는 작은 어촌 마을이었다. 여기에는 읍내에 단지 30명 이내의 신자들이 있었고, 오히려 가까운 시골엔 50명 이상의 신자들이 있었다.

라 신부는 미지의 땅이나 다름없는 동쪽 바다 묵호에서 신앙의 텃밭을 일구어 나갈 새로운 각오로 고향의 한 친구에게 편지를 썼다.

'나는 처음부터 온전히 다시 시작해야 한다.'

그리고 나서 잠시 눈을 감고 아일랜드에서의 추억들을 불러내었다.

# 묵호성당으로 오기까지 - II
## 신학교 생활

 라 파트리치오 신부가 태어나 자란 웨스트미스 주는 아일랜드의 중간쯤에 위치하여 바다와 거리가 멀었다. 그러다 보니 그는 어려서부터 들에서 뛰놀며 부모님의 농장 일을 도왔다. 집안의 맏아들로서 힘쓰는 일은 그의 몫이었다. 특히 말을 타거나 카트를 밀며 열심히 땀 흘려 일하는 모습을 그의 부모님은 매우 대견스러워하였다.

 라 신부는 열아홉 살이 되던 해(1934년 9월)에 사제의 길을 가기 위해, 달간 파크 신학교를 선택하였다. 가톨릭 신자가 90%를 차지하는 아일랜드에서, 무엇보다도 신앙심이 깊은 라 신부의 부모님은 그가 선택한 사제의 길을 존중하고 축복해 주었다.

 신학교가 있는 아일랜드 나반은 수도 더블린에서

북서쪽으로 40km쯤 떨어진 곳에 있는 작은 도시였다. 나반의 어귀에 자리한 신학교는 웅장한 학교 건물뿐만 아니라 럭비·축구·테니스·농구 등 스포츠 시설까지 갖추었다. 넓은 대지 위에는 성당이 자리 잡았고, 기숙사 살림을 도와주는 골롬반 수녀님들의 생활 터전인 수녀원 건물도 있었다. 게다가 잔디밭과 오솔길, 그리고 작은 강을 따라가는 산책로가 있어 신학생들에겐 더할 나위 없이 좋은 환경이었다.

특히, 라 신부는 달간 신학교 건물 중앙 정원에 오롯이 자리한 성모상(패디 도슨 신부가 축성) 앞에서 묵주알을 굴리며 오랜 시간을 보냈다. 성모상은 신학생들이 자연스레 오가며 기도할 수 있는 최적의 장소였다. 라 신부가 신학교에 첫발을 딛기 1년 전(1933년)에 졸업생들이 세웠다는 성모상, 성모님께서는 신학생들이 착한 목자가 되기를 함께 기도하면서 늘 인자하신 모습으로 서 계셨다.

라 신부는 7년 동안 신학교에서 기도하며 공부하고

1933년에 졸업생들이 세웠다는 성모상

뛰놀았다. 그는 신학생들과 함께 학교에서 크리스마스 휴가를 보냈고, 럭비나 축구 경기를 하면서 승부욕을 불태우기도 했다. 그것은 사제의 길을 끝까지 가기 위해 의지를 다지는 과정이었다.

"패트릭 달려! 카트를 밀던 힘으로…."

버나드 스미스Bernard Smyth(1953년 7월의 어느 일요일에 라 신부님의 순교터를 찾았던 그는 '산길의 왼쪽 작은 언덕에 십자가로 표시된 순교터는 고독의 슬픔과 아름다운 탄생을 지닌 외로운 장소'였다고, *The Splendid Cause*지에 회고의 글을 실었다.)가 소리치자 라 신부는 농장에서 카트를 밀던 힘으로, 그리고 말을 타고 달리던 때처럼 공을 쫓아갔다.

"와! 동점 골 넣었다!"

"우린 모두 승자다!"

물론, 그들은 팀을 나누어 경쟁했지만, 경쟁의식은 곧 열정으로 바뀌어 자신들이 상당히 늠름해졌음을 느끼곤 했다.

드디어 1940년 12월 21일, 라 신부는 달간 파크에

달간 파크 신학교 입구(현재) - 좌_춘천교구 오경택(안셀모) 신부.
가운데-신오복O'Brien Anthony 신부(골롬반 선교회 총장, 한국지부장 역임)
우_춘천교구장 김주영(시몬) 주교

달간 파크 신학교(현재—성 골롬반 외방선교회 아일랜드 지부)

달간 파크 신학교(현재–성 골롬반 외방선교회 아일랜드 지부)

서 갈웨이Galway 주교의 주례로 사제 서품을 받았다. 성직자로 살기 위해 높은 제단 아래에서 동료 20여 명과 함께 무릎을 꿇었던 라 신부. 그는 8년이 지난 9월의 어느 날, 낯선 땅 한국의 묵호에까지 신앙을 전파하러 오게 된 것이다.

# 묵호항이 눈앞에 보이는 성당에서

 묵호성당(묵호진리 15번지)은 동문산을 뒤로 하고, 앞으로는 묵호항이 어른대는 바닷가에 자리 잡고 있었다. 임시 성당으로 사용하는 일본식 기와지붕의 가옥은 논골 입구의 약간 높은 지대여서 비릿한 바다 내음이 쉴 새 없이 신자들의 코끝에 날아들었다.

 묵호항은 1936년부터 삼척 일대의 무연탄을 선적하던 조그만 항구로 시작해서 1941년 8월 11일에 국제 무역항으로 개항된 항만이다. 그러다 보니 미사 중에도 석탄을 실어 나르는 수송선이 '붕~'하고 뱃고동을 울리기 일쑤였고, 어물을 머리에 이고 아찔한 골목길을 오르내리는 아낙네들의 소음도 끊이지 않았다. 신자들은 다다미가 깔린 비좁은 방에서 서로 어깨를 부딪으며 미사 참례를 했다.

 "데오 그라시아스(하느님, 감사합니다)."

 라틴어 미사가 끝나면, 성당 안 한쪽에 마련된 교리

실에서는 예비신자들이 요리문답을 공부했다.

"일, 사람이 무엇을 위해 세상에 났느뇨?"

"사람이 천주를 알아 공경하고, 자기 영혼을 구하기 위하여 세상에 났느니라."

"삼, 천주교는 무엇이뇨?"

"천주교는 천주 친히 세우신 참 종교이니라."

라 신부는 요리문답이 새어 나오는 성당 마당에서 신자들과 함께 담소를 나누기도 했다. 그럴 때면 묵호시장에서 옹기점을 열고 있는 천 누갈다 자매부터

1950년대의 묵호항 (사진 제공: 도서출판 청옥문화)

멀리 15km를 걸어온 옥계 남양리 신자들과 북평 쇄운리 신자들까지, 그들은 모두 한 가족처럼 정담을 나누었다.

이 모습을 보면서, 라 신부는 묵호성당 신자들이 자신의 고국 아일랜드 사람들처럼 정이 많고 친절한 사람들이라는 것을 실감했다. 그들이 편안하게 미사 참례할 수 있도록 하루빨리 새 성당을 마련해야겠다는 생각에 성전 신축 부지를 물색하기 위해 분주히 움직였다.

묵호성당(1949년)- 묵호진리 15번지

묵호성당(1957년)

묵호성당(현재)

# 신자들과 함께

주일이면 묵호항으로 길게 뻗은 큰길을 따라 신자들의 발걸음이 이어졌다. 아이들은 어른들 앞뒤로 깡충깡충 뛰어다녔다. 그러다가 길가에 늘어선 초가집이나 판잣집 사이로 일본 사람들이 지었다는 이층집이 드문드문 눈에 띄면, 가던 길 멈추고 부러운 듯이 올려다보곤 했다.

저 멀리 동문산 끝자락에 묵호등대가 하얗게 빛났다. 묵호항에서 성당 뒤 동문산으로 이어지는 논골 언덕 위에는 초가집과 판잣집들이 옹기종기 마주하면서 어촌 사람들의 힘겨운 삶을 버텨내는 것처럼 보였다.

드디어 성당에 다다르면, 성당 문 앞에서 밝은 얼굴로 신자들을 맞아들이는 라 신부를 만날 수 있었다.

신자들은 너나없이 가난한 삶을 살아가면서도 주일이면 일손을 놓고 성당을 찾았다. 북평 쇄운리에서 옹기를 굽다가도, 옥계 남양리나 묵호 만우리 골짜기에서 밭을 일구다가도, 성당에 오는 날은 밝은 얼굴이었다.

먼 길을 걸어왔지만 지친 기색조차 보이지 않는 남양리 공소의 김종렬(베드로, 15세, 라 신부의 시신 수습의 목격자) 소년을 맞으며 라 신부는,

"베드로는 벌써 어른이 된 것 같아요."

하며 엄지손가락을 척 들어 보였다.

그 순간 김종렬 소년은 라 신부가 부임하기 너덧 달 전(1949년 4월 26일), 춘천지목구장 구 토마스Thomas Quinlan 신부의 집전 하에 견진성사를 받았던 때를 떠올렸다. 그날 50여 명의 신자들이 비좁은 성당 안을 빼곡히 채워 잔칫집 같았다.

"세례성사로 탄생한 베드로가 오늘은 견진성사로 어른이 되는 거야."

대부님의 말씀이 귀에 맴도는 가운데 구 토마스 신부는 그의 이마에 성유를 발라주셨다.

"베드로, 성령 특은의 날인을 받으시오!"

"아멘."

그때 김종렬 소년은 큰 소리로 응답했다. 그는 견진성사를 받은 후부터 신앙심이 부쩍 커진 것 같다고 생각하면서, 어른들을 따라 조용히 성당 안으로 들어갔다.

두 손을 모은 신자들은 한국어 발음이 서툰 라 신부의 강론을 잘 알아듣지는 못해도 그의 인자한 목소리에 담긴 하느님의 말씀을 헤아릴 줄 알았다. 또한 라틴어 미사라서 기도문에 담긴 뜻은 정확히 몰랐지만, 라 신부의 선창에 따라 열심히 합송하며 하느님께 자비를 구했다.

"키리에 엘레이손(주님, 자비를 베푸소서)."

"키리에 엘레이손."

"크리스테 엘레이손(그리스도님, 자비를 베푸소서)."

"크리스테 엘레이손."

신자들도 나날이 신앙심이 깊어져 갔다. 그들은 척박한 묵호 땅에 목자를 보내주신 하느님께 감사드리면서, 하루빨리 새 성전이 마련되어 라 신부와 오래도록 함께하기를 바랐다.

춘천지목구장 구 토마스 신부 묵호성당 사목 방문(1949년 4월 25일)

묵호 등대 (현재)

논골 오름길 (현재)

# 1950년 6월 25일, 그리고 그 후

 라 파트리치오 신부가 묵호성당에서 사목한 지 10개월도 채 되지 않은 1950년 초여름이었다. 6월 25일 새벽, 중앙방송은 북한 공산군이 남침했음을 임시 뉴스로 전했다.

"오늘 새벽 3·8선 전역에 걸쳐 북한 괴뢰군이 공격을 시작했습니다."

 6월 27일, 북한 공산군 육전대 병사 1,800여 명은 동해안의 옥계, 정동진, 금진지역에 기습적으로 상륙하여 묵호읍이 내려다보이는 산에까지 이르렀다. 이 소식을 신자들에게서 듣고, 라 신부는 남쪽으로 24km 지점에 위치한 삼척읍 성내성당의 진 야고보 James Maginn (1950년 7월 4일 순교) 신부를 만나러 갔다.

"우리는 최후까지 성당을 지킵시다. 천주님을 부인

하는 공산주의자들에게 가톨릭 신앙으로 증거 합시다."

라 신부는 진 신부와 죽을 각오로 성당에 남겠다는 뜻을 같이했다.

그가 삼척에서 묵호성당으로 돌아왔을 때, 읍내에 남아 있던 25명 정도의 신자들도 대부분 다른 곳으로 피난을 가고 없었다. 배를 마련한 최창환(요셉, 묵호 축항사무소 근무)과 신자들은 그에게 함께 부산으로 피난 갈 것을 간곡히 권유했다. 그러나 라 신부는,

"양들을 버리고 목자가 혼자 도망갈 수 없습니다."

라고 그들의 제의를 뿌리쳤다.

6월 28일, 남봉길(프란치스코) 전교회장이 성당을 찾았다. 라 신부는 당신의 처지는 돌보지 않고 피난 가지 못한 신자들을 걱정하고 있었다.

"회장님도 얼른 가족들을 데리고 묵호를 탈출하십시오."

"신부님, 저희와 함께 가시지요."

"아닙니다. 제 걱정은 하지 마십시오. 저는 본당을 지키겠습니다."

남 회장 눈에는 라 신부가 죽음까지 감당하기로 마음을 정한 것처럼 보였다. 할 수 없이 그는 집으로 발길을 돌릴 수밖에 없었다.

라 신부는 성 골롬반회 주보 골롬반(Columban, 543-615) 성인과 외방선교회 창설자 갈빈(Edward Galvin, 1882-1956) 주교를 떠올리며 하늘을 우러렀다.

골롬반 성인 스스로가 모범을 보인 것처럼, 1933년 한국에 처음 진출한 선교사들은 '그리스도를 위한 나그네Peregrinatio pro Christo'로서 고향을 떠나 다른 문화 속에서 복음을 전하고, 가난한 이들과 함께하면서 정의를 실천해오지 않았는가. 갈빈 주교는 '자기 목숨을 내어놓아야 하는 위험에 처할지라도 사제는 백성들과 함께 있을 것'을 권고하지 않았는가.

라 신부는 성 골롬반 외방선교회 창설자 갈빈 주교가 중국의 선교회 회원들에게 보낸 서한의 내용을 또 다시 마음에 새겼다.

> **'백성을 버릴 수는 없습니다'**
>
> 친애하는 신부님, 어떠한 일이 일어나더라도 우리 백성을 버릴 수 없다는 것이 우리 모두의 의견입니다. 그들을 위해 아무것도 해 줄 것이 없을지 모르지만…(중략)…무엇이든 하느님이 보내시는 것을 사제들이 먼저 받아들이고 대면해야 할 것입니다.…(중략)…본당이 위험하게 되면 잠시 피하되 오래 떠나 있지는 마십시오."
>
> 성 골롬반 외방선교회 창설자 에드워드 갈빈 주교 서한,
> 1927년 4월 20일

선교사들의 묘역 (성 골롬반 외방선교회 아일랜드 지부)

# 만우리 골짜기로 향하다

　남봉길(프란치스코) 회장이 사는 만우리는 묵호성당에서 8km쯤 떨어져 있는 시골이다. 그러다 보니 만우리 동네 사람들은 북한 공산군의 남침으로 일어난 전쟁을 처음에는 실감하지 못했다.

　먼 데서 총성이 울리고 폭탄 터지는 소리가 나자, 그제야 미처 피난 가지 못한 읍내 신자들과 외인들이 하나둘 가재도구를 꾸려서 남 회장네 집으로 모여들었다. 신자들은 대부분 남 회장 부부의 대자들과 대녀들의 가족이었고, 외인들도 묵호지역에서 낯익은 사람들이라 한 가족이나 다를 바 없었다.

　피난 오는 사람들이 하나둘 늘어날수록 남 회장은 라 신부가 걱정되었다.

　"신부님을 우리 집으로 모셔야겠어요."

　남 회장이 아내 조정옥(마리아)에게 말하고는 라 신

부에게 갈아입힐 옷을 주섬주섬 챙겼다.

6월 29일, 남 회장은 라 신부를 모시기 위해 다시 묵호성당에 갔다.

"신부님, 만우리 우리 집으로 피신하시지요."

"아닙니다. 저는 본당을 지키겠습니다."

"지금 가셔야 합니다. 북한 공산군이 곧 들이닥칠 겁니다."

"아닙니다. 저는 본당을 지키겠습니다."

라 신부는 단호했다. 그러나 남 회장은 물러서지 않고 라 신부에게 거듭 요청했다.

"잠시만 피하시면 됩니다."

'잠시….'

그 순간, 라 신부의 머릿속으로 구절 하나가 뛰어들었다.

'본당이 위험하게 되면 잠시 피하되 오래 떠나 있지는 마십시오.'

갈빈 주교의 서한은 선교사들이 위험에 처했을 때, 어떻게 처신해야 하는지를 안내하고 있었다. 라 신부는 중국에서 한국어를 배우는 내내 선교사들의 교육 지침서나 다름없는 그 서한을 폐부에 새기곤 했다.

"신부님, 빨리 피신하셔야 합니다."

라 신부는 남 회장의 고집스러운 얼굴을 보았다. 성당에 일이 생기면 항상 제일 먼저 달려오는 사람이 남 회장 아닌가. 라 신부가 계속 성당에 남아 있겠다고 한다면 남 회장은 매일 찾아올, 그런 사람이었다.

"네, 잠시 피신했다가 성당으로 돌아오겠습니다."

그날 밤, 라 신부는 텅 빈 성당을 뒤돌아보며 밀짚모자와 흰 와이셔츠, 그리고 카키색 바지로 갈아입고 남 회장과 만우리로 향했다. 그러나 남 회장의 집이 마주 보이는 앞산에 숨어서 한참을 기다려야 했다. 어스름이 깃든 남 회장네 초가집, 그리고 외양간과 디딜방앗간 사이로 사람들의 그림자가 얼핏얼핏 보였기 때문이다.

남 회장으로서는 조심스러울 수밖에 없었다. 공산군이 서양 사람과 천주교인을 싫어한다는 소리를 누구에겐가 들었기에, 혹시라도 라 신부가 수상한 사람들의 눈에 띄어 곤욕을 당할까 몹시 걱정스러웠다.

만우리 동네에 호롱불 빛이 희미해져 갈 무렵에야 라 신부와 남 회장은 조용히 부엌문을 통해 집 안으로 들어갔다. 라 신부는 급하게 챙겨온 미사도구를 내려놓으며 안도의 숨을 쉬었다.

'이 집에 평화를…'

남봉길 (프란치스코) 회장의 집 – 1974년. 묵호성당 제7대 옥 베르나르도 신부님과
남 회장의 5녀 남옥연 (프란치스카)

# 골방 생활 - I

　남 회장네 집(만우동 3번지) 뒤란에는 장독대가 있고, 그 뒤로는 대나무 숲과 돌담이 둘러쳐져 있었다. 방은 네 개인데, 그중에 라 신부가 지내는 곳은 뒤편의 골방이었다. 그 방은 안방에서 건너가는 문을 없애고 장롱과 이불 등으로 완전히 막아놓아, 누구라도 그곳에 방이 있다고 짐작조차 할 수 없는 장소였다. 그러다 보니 부엌을 통해서만 드나들 수 있었는데, 그 골방에서 라 신부는 숨소리조차 죽이며 지내야 했다.

　남 회장은 가족들에게 라 신부의 존재에 대한 함구령을 내렸고, 그들은 아무 일 없다는 듯 평소와 다름없는 생활을 했다. 심지어 여섯 살배기 옥연(프란치스카)이도 피난민 아이들과 어울려 재잘대면서도 라 신부에 대해서는 입을 다물었다.

남 회장의 아내는 때때로 마당에다 가마솥을 걸어 놓고 감자를 쪄내곤 했다. 출가한 두 딸만 없을 뿐, 집에는 두 아들과 세 딸이 있었고, 게다가 친정어머니까지 모시고 살아 모두 여덟 명의 식구가 있었다.

'참, 식구가 늘었지….'

남 회장의 아내는 곳간에서 감자를 함지박에 담다 말고 울안을 휘둘러보았다. 피난민들과 나눠 먹으려면 감자를 웬만큼 쪄서는 안 될 일이었기 때문이다.

"우아, 많다!"

아이들이 입맛을 다셨다.

어린 옥연이는 어머니 주위를 맴돌다가 라 신부한테 갖다줄 감자 심부름을 맡게 되었다. 부엌으로 향하는 어린 옥연이의 발걸음은 가벼웠다. 한밤중에 드리는 미사 때 말고는 라 신부의 얼굴을 통 볼 수 없었기 때문이다.

"신부님!"

골방 앞에서 어린 옥연이가 조그만 소리로 부르자,

컴컴한 골방문이 열리고 라 신부가 얼굴을 내밀었다.

"방지가(프란치스카), 고마워!"

감자 그릇을 받아든 라 신부의 얼굴은 웃는 듯 우는 듯했다. 그 모습을 쳐다보던 어린 옥연이는 눈물이 나오는 걸 꾹 참고 부엌에서 마당으로 후다닥 뛰어나왔다.

그사이 땅거미가 안개 퍼지듯 내린 마당에는 멍석자리가 깔리고, 이내 남 회장네 가족과 피난민들은 감자 그릇을 가운데 두고 둘러앉았다. 감자 한 입을 베어 먹던 어린 옥연이는 참다못해 눈물을 보이고 말았다.

"왜 울어? 부엌에서 무슨 일 있었니?"

피난 온 어떤 아주머니가 궁금해 하자, 어린 옥연이는 머리를 심하게 흔들었다.

'골방 신부님이 들키면 안 돼.'

어린 옥연이의 가슴이 콩닥거릴 때, 그녀의 할머니가 얼른 물그릇을 내밀었다.

"감자가 목에 걸린 모양이구나. 얼른 물 한 모금 마시자."

할머니는 골방에 갇힌 라 신부도 어쩌면 어린 옥연이처럼 감자 한 입 베어 물다 울음을 삼킬 것 같아서, 눈시울을 붉혔다.

# 골방 생활 - Ⅱ

미사는 한밤중에만 드렸다. 라 파트리치오 신부는 남 회장네 가족들에게 고백성사도 주고 성찬식도 베풀었다. 남 회장의 어린 자녀들은 자다가 일어나 눈을 비비고 미사에 참례하곤 했다.

"도미누스 보비스 꿈(주님께서 여러분과 함께)."

"엣 꿈 스피리뚜 뚜오(또한 사제와 함께)."

미사 기도문을 읽는 라 신부의 목소리가 가느다랗게 떨리기 시작하면, 누군가가 먼저 훌쩍거렸고, 뒤이어 방 안의 사람들은 너나없이 뺨을 타고 흘러내리는 눈물을 훔쳤다.

"천주님, 천주님!"

이 환난이 빨리 끝나기를 바라는 이들의 간절한 기도가 머지않아 눈물로 이어질 줄은 아무도 몰랐다. 그

마저도 날이 갈수록 피난민들이 남 회장네 집을 들락거리고 동네 공산당원들까지 기웃거리는 바람에 미사를 드리지 못하는 날이 많아졌다.

골방에서 기도하거나 라디오 소리를 낮추어 들으며 시간을 보내던 라 신부는 전세가 점점 더 불리한 상황으로 치닫고 있음을 알게 되었다.

'이렇게 오래도록 남 회장 집에 머물러서는 안 돼.'

라 신부는 자기가 남 회장네 집에서 잡힌다면, 그 가족들이 받게 될 고통이 더 두려웠다. 그들이 공산군에 수색당하고 보복당하는 피해는 막아야겠다고 생각했다.

"산으로 가겠습니다."

"위험해서 안 됩니다. 그들은 산도 샅샅이 수색하고 있습니다."

남 회장은 극구 말렸다.

그나저나 전시 사정은 하루가 다르게 더 나빠졌다. 남 회장은 라 신부의 안전이 걱정되었다. 그래서 새로운 피신처를 아내와 의논했다.

"부엌 위의 컴컴한 저곳은 어떨까요?"

"그을음이 올라가는 곳에 신부님을 모신다고요?"

게다가 그곳은 사다리를 타고 올라가야 하는 곳이었다. 남 회장은 아무리 생각해도 그 장소밖에 떠오르지 않았다. 그는 마땅한 피신처를 찾을 때까지 우선 그곳에 몸을 숨기는 게 어떻겠냐고, 라 신부에게 뜻을 물었다.

라 신부가 지내던 골방

"아닙니다. 산으로 가겠습니다."

라 신부는 계속 산을 고집했다. 산에 피신하였다가 잡힌다면, 적어도 남 회장 가족이 자기로 인해 받게 될 고통은 덜 수 있지 않을까 하는 판단에서였다.

라 신부가 지내던 골방

남 회장은 라 신부에게 위험한 골방 대신 다락에 숨기를 여러 번 요청했지만 번번이 거절당했다. 만약 라 신부가 다락에 은신했다면 공산군들은 끝까지 찾아내지 못했을 것이라고, 남 회장 가족은 이 일을 두고두고 안타까워하였다.

# 붙잡히다

  만우리는 서로 신뢰하며 살아가는 평화로운 마을이었다. 그러나 전쟁이 터지고부터 집집마다 기웃거리는 동네 공산당원들 때문에 너나없이 눈치 보며 살았다.
"이 집에 수상한 사람 있다던데?"
"아니요, 수상한 사람 없어요."
  공산당원들은 무슨 낌새를 맡았는지, 시시때때로 남 회장네 집에 와서 두리번거렸다. 때로는 남 회장의 뒤를 밟기까지 했다. 그동안 몇 번의 고비가 있었지만, 남 회장이 마을에서 워낙 신망이 두터웠기 때문에 넘길 수 있었다.
  그러던 7월 29일, 라 파트리치오 신부가 만우리에 온 지 한 달쯤 된 날이었다. 아침부터 내리쬐는 땡볕 속에서 마을 공산당원이 열 명 남짓 들이닥쳤다. 그들은 집을 수색했지만, 골방에서 라 신부를 찾아내지 못하고 돌아갔다.

그날, 노을빛이 고운 저녁 무렵이었다. 한여름의 푹푹 찌는 무더위가 여전히 극성을 부려 남 회장네 가족들은 모두 밖에 나와 있었다.

"저기 있다!"

담장 밖에서 누군가가 소리 질렀다.

라 신부는 산에서 내려오던 마을 공산당원에게 들키고 말았다. 뒷문이 조금 열려 있는 틈으로 더위를 쫓으려고 내놓은 라 신부의 하얗고 여윈, 그리고 털이 많은 팔을 공산당원이 보았던 것이다. 라 신부는 아무 반항 없이 순순히 그들에게 붙잡혔다.

공산당원들은 소고삐로 라 신부의 양손을 결박해서 살구나무 옆에 무릎을 꿇리고 다짜고짜 장작으로 때리기 시작했다. 심지어 남 회장은 물론이고 무서워서 울고 있는 어린 자녀들까지 때렸다. 그것은 라 신부가 남 회장네 가족들을 보호하기 위해서라도 자백

할 것이라는, 그들만의 속셈이었다.

"죄 없는 사람들을 때리지 마십시오."

라 신부는 자신이 매질당하는 것보다 더 큰 곤혹을 느끼며, 계속 소리쳤다. 그사이 공산당원들은 골방에 들어가서 라디오를 찾아왔다.

"스파이를 숨기고 있었구먼."

그들은 라 신부를 스파이로, 그리고 남 회장은 외국인 스파이를 숨겼다는 죄목을 씌웠다.

"나는 내 나라가 당신 나라나 다른 공산국가들에 아무것도 안 한 것처럼 당신들을 해칠 아무것도 가지고 있지 않소. 이 줄을 풀어 주시오. 나는 달아나지 않을 것이오. 그리고 나는 달아날 곳도 없소."

아무 죄 없이 핍박당하고 있는 사람들을 대변이라도 하듯, 라 신부는 큰소리로 외쳤다.

어느새 만우리 마을은 어둠이 짙게 깔렸고, 라 신부는 남 회장과 식복사와 함께 아무 죄 없이 악당들에게 붙잡히셨던 예수님처럼 묵호지서로 끌려갔다.

남 회장의 만우리 집터 (현재)
좌 : 주교회의 시복시성주교특별위원회 박선용(요셉) 신부
가운데 : 춘천교구장 김주영(시몬) 주교

남 회장의 만우리 집터에 남아 있는 사기 파편

# 조리돌림을 당하다

 라 파트리치오 신부와 남 회장, 그리고 식복사까지 밧줄에 묶여 끌려간 만우리 골짜기는 어둡고 침울한 공기로 덮여 있었다. 다행히 식복사는 다음날 풀려나서 라 신부의 소식을 전하려고 남 회장네 집에 왔다.
 "공산당원들이 우리 신부님을 죽이거나 강릉에 있
  는 그들의 사령관에게 끌고 갈 거라고 했어요."
 "우리가 죄인이에요."
 라 신부가 붙잡힌 것은, 잘 지켜 드리지 못한 자기네 탓이라고 자탄해 오던 남 회장 아내가 식복사의 말이 끝나기 무섭게 가슴을 마구 쳤다.

 한편, 묵호읍 사거리에서는 구경거리가 났는지 사람들이 웅성거리며 몰려가고 있었다.

"뭐? 서양 사람을?"

"그 사람을 조리돌리고 있대."

그때 시장 입구를 지나던 우 헬레나(정일) 자매도 사람들에게 떠밀려 그 자리에 가게 되었다. 그녀는 그만 '악' 하고 소리 지를 뻔했다.

공산당원들은 라 신부를 포승줄로 묶어서 끌고 다니며,

"악질 반동분자를 보시오."

"이 예수쟁이가 서양 스파이오."

하고 이죽거렸다.

라 신부는 아래에만 겨우 속옷을 걸친 채 조리돌림을 당하고 있었다.

"영락없이 서양 거지네."

"에구, 피골이 상접해서 눈 뜨고 못 보겠네."

그의 금발 머리카락은 헝클어져 얼굴 전체를 덮었고, 아무것도 걸치지 않은 상체에는 뼈마디가 드러나 있었다. 그런 신부를 신기한 듯이 요모조모 훑어보는 사람들, 못 볼 걸 봤다는 듯이 혀를 끌끌 차는 사람들 속에서 우 헬레나 자매는 몸 둘 바를 몰랐다.

라 신부는 공산당원들이 퍼붓는 야유에도 아랑곳없이 초연한 얼굴로 끌려다녔다. 이따금 하늘을 쳐다보는 그의 눈은 햇살 속에서 조용히 빛나고 있었다.

'아, 예수님!'

마음속으로 예수님을 부르던 우 헬레나 자매가 질끈 감았던 눈을 뜨고 용기를 낸 것은 잠시 후였다.

"우리나라에 와서 좋은 일 하신 분인데, 왜 그러세요?"

딴엔, 크게 소리친 것 같았는데도 그녀의 목소리는 사람들의 소음 속으로 묻히고 말았다. 공산당원 한 사람만이 그녀를 노려보았을 뿐, 그들은 눈도 깜빡 않고 여전히 조리돌리는 데에 열을 내고 있었다.

우 헬레나 자매는 다리가 떨려 집에는 어떻게 돌아왔는지, 하얗게 질린 얼굴로 방안에 들어섰다.

"무슨 일이오?"

남편 이정덕이 놀라 그녀를 부축했다. 딸 미도(9세)는 겁에 질려 그녀를 쳐다보았다.
"엄마, 어디 아파?"
"공산당원들이 우리 신부님을…."
그녀는 참았던 눈물을 터트리며 말을 잇지 못했다.

# 고난의 길, 그리고 순교

그러던 어느 날, 묵호지서에 갇힌 남 회장에게 밥을 챙겨 갔던 셋째 딸 데레사가 울면서 돌아왔다.

"아버지를 강릉으로 보냈대요. 강릉에서 죽일 거라고 쑥덕거렸어요."

데레사가 전해 준 남 회장의 소식이, 식복사가 전해 준 라 신부의 소식에 엎치고 덮치다 보니 남 회장 아내와 자녀들은 큰 불안감에 떨어야 했다.

이제나저제나 하면서 소식을 기다리고 있을 때, 느닷없이 가족들 앞에 남 회장이 나타났다. 그는 강릉으로 이송되어 심한 훈계를 받은 뒤에야 풀려났다고 했다. 가족들은 그 말을 듣고, 남 회장이 순순히 풀려난 것은 묵호지서에 갇힌 라 신부가 남 회장네 가족은 죄가 없다고 계속 변호했을 거라고 입을 모았다.

"우리 신부님은 어떻게 되셨을까요?"

"묵호지서에서 따로 떼어 놓아, 한 번도 뵌 적 없어. 그리고 강릉에서도 못 뵀는데…."

"그러면, 어디에 계실까요?"

"강릉으로 이송된다면 벌써 묵호를 벗어나셨을 테고…."

공산군에게 붙잡힌 포로들이 강릉으로 이송되는 행군의 길은 험난했다. 정찰기가 뿌웅 지나가고, 갑자기 하늘에서 폭격기들이 우레와 같은 소리를 내면서 날아다니곤 했다. 미군 비행기들의 끊임없는 폭격으로 낮 동안의 행군이 어려워지면, 불안해진 공산군은 포로들에게 더욱 포악을 부렸다. 게다가 행군에 지장을 주는 사람은 무조건 총살했는데, 그것은 포로들을 다루는 공산군의 방식이었다.

묵호에서 16km쯤 걸었을까, 밤재가 저만치 보였다. 라 파트리치오 신부는 그동안 골방 생활로 쇠진해 있었고 공산군들의 취조에 시달려 지친 상태로 끌려가고 있었다. 그는 쓰러졌다가 일어나고 또 쓰러지곤 했다. 그럴 때마다 공산군들은 라 신부가 행군에 지장을 준다고, 그에게 심한 매질을 했다.

라 신부는 밧줄에 묶인 몸으로 다시 일어나려고 몸부림쳤다.

'손으로 성호를 그을 수만 있다면….'

그는 가슴으로 성호를 그으며 하늘을 우러렀다.

그때였다. 공산군들은 라 신부와 다른 포로 둘을 일렬로 세웠다. 그러고 나서 총을 겨누었다. 그곳은 밤재굴 남쪽으로 약 200m쯤 떨어진 골짜기(순교터, 현 강릉시 옥계면 낙풍리 산 47-3)였다.

'아, 하늘에 계신 우리 아버지!'

총알은 라 신부의 가슴을 파고들었다. 그리고 그는 한국에서의 짧은 삶을 마감했다. 1950년 8월 29일(음력 7월 16일), 라 신부의 나이 35세 때였다.

밤재굴 남쪽으로 약 200m쯤 떨어진 골짜기
(순교터, 현 강릉시 옥계면 낙풍리 산 47-3)

# 가매장되다

　옥계 밤재를 뒤로 하고, 한 노인이 땔감용 소나무를 지고 산길을 내려오고 있었다.
　"어, 서양 사람도 있네…."
　노인은 개울가 옆 비탈에서 세 명의 시신을 발견하고 깜짝 놀랐다. 그중에 한 사람은 금발과 긴 팔다리를 가진 외국인이었기 때문이다. 시신들은 총살당한 지 이틀쯤은 된 듯했다. 집에 돌아온 노인은 동네에 이 사실을 알렸다. 그러자 동네 사람들은 시신이 그 자리에 있으면 산길 다니는 사람들 눈에 띄어 안 좋을 테고, 죽은 사람들에게도 예의가 아니라고, 매장해 드리자는 데에 의견을 모았다.
　그때 매장에 참여했던 한 사람이 김종렬(베드로, 15세) 소년의 8촌 형이었다. 얼마 후 그는 김종렬 소년을 만나서 라 신부의 소식을 전해주었다.

"묵호 신부님을 우리가 묻었어. 언덕의 비탈 위에…"

김종렬 소년은 놀라서 숨이 막힐 것 같았다. 이 소식을 누구에게라도 알려야겠다는 생각으로 그는 옥계 남양리로 내달렸다.

한국전쟁이 날로 치열해지면서, 교우촌 남양리에는 어른들이 하나둘 공산당원들에게 붙잡히고 김종렬처럼 초등학교를 갓 졸업한 소년들이 동네를 지켰다. 그나마 동네에는 연로한 임금산의 부모만이 남아 있었다.

"우리 신부님이 밤재골에서 총살을 당했대요."

"이놈의 세상…"

김종렬 소년의 말에 임금산의 부모는 한숨을 내뿜었다.

동네 공산당원들이 라 신부가 숨은 데를 알아내려고 혈안이 되었던 7월 20일부터 남양리는 이미 공포의 분위기에 휩싸여 있었다. 남양리 공소의 김종술(아우구스티노, 20세, 김종렬의 형)과 최복만, 그리고 임금산(바오로, 16세)을 잡아가면서부터였다. 김종렬 소년이

강릉옥계초등학교 남양분교 (현재. 폐교)

남양공소터 (남양분교 입구)

10km를 걸어 형을 찾아갔던 당시, 그들은 모진 매를 맞고 초주검이 된 상태로 어느 집 서까래에 매달려 있었다. 그 후, 그 청년들은 가마니에 말린 채로 내버려졌고, 집에 돌아온 그들은 끝내 숨을 거두고 말았다.

그 충격에서 벗어나기도 전에 라 신부까지 잡혀갔다는 소식이 전해졌고, 그때 임금산의 부모는 신자들이 숨겨둔 고상과 묵주, 그리고 성물들을 모두 수거해 동네 학교 운동장에서 태웠다. 억울한 죽음을 막아야겠다는 마음이 앞섰기 때문이다.

아이들은 자기들도 불 속에 내던져진 것 같아서 서로 부둥켜안고 울었다.

"아아, 예수님!"

"내 묵주…!"

그 순간을 떠올린 김종렬 소년은 하늘을 향해 두 손을 모았다.

남양리 공소 신자들이 목자를 잃고 암흑과 같은 세상에서 헤매고 있을 때, 밤재골에 묻힌 라 신부의 가슴은 얼마나 아팠을까.

# 가묘를 쓰다

 라 파트리치오 신부가 순교한 지 2~3개월이 지난 11월쯤이었다. 이때 해군 진남포기지 사령관 백기조 중령이 묵호경비사령부로 이동해 왔다. 9·15 인천상륙작전의 성공 이후 9·28 서울수복으로 북한군이 북쪽으로 후퇴하던 때여서 묵호읍도 안정을 찾아가고 있었다.

 백 중령은 멀리 아일랜드에서 온 신부 한 분이 전쟁 통에 목숨을 잃고는 어딘가에 묻혀 있다는 말을 몇몇 신자들한테서 듣게 되었다.

 '신부님을 잊히게 할 수는 없어.'

 신앙심이 두터웠던 백 중령은 라 신부가 매장된 곳을 찾기로 마음먹었다. 그 장소를 알 만한 사람들을 수소문하다가 김종렬(베드로) 소년을 찾아내었다. 연

락을 받은 김종렬 소년은 매장에 참여했던 8촌 형을 찾아가서 라 신부가 묻힌 곳을 미리 확인해 두었다.

백 중령과 이경재(알렉산델, 1926~1998년, 성 라자로마을 원장 역임) 부제, 그리고 김종렬 소년은 밤재골로 갔다. 시신은 돌무더기 사이에 손목이 보일 정도로 낮게 묻혀 있었다. 그리고 시신들은 부패되어 서로 엉킨 상태라 수습하기가 쉽지 않았다.

"아, 이분이구나."

다만 라 신부만 시계를 차고 있었고 팔에 털이 있었으며, 또 금발이었기에 찾아낼 수 있었다.

백 중령은 신부의 유해를 거두어 묵호경비사령부로 와서 한지에 곱게 싼 다음에 관에 모셨다. 그리고는 사령부 초소 앞에서 10m쯤 내려간 밭에다 가묘(현 동해시립 발한도서관 앞 주차장, 발한동 241-9)를 썼다.

1951년 6월 1일, 지 벨라도Brian Geraghty(성 골롬반 외방선교회 한국본부 초대 지부장) 신부가 동료들과 함께 라 신부의 시신을 확인하기 위해 묵호경비사령부에 있는 가묘를 찾았다. 그는 가묘를 열어 시신의 치아가 긴 편에다 다소 고르지 못한 구조를 보고, 라 신부가 틀림없음을 확인했다.

그리고 나서 그는 라 신부의 유해를 묵호읍 발한리 232번지의 묵호성당 신축 예정지(현 묵호성당, 발한로 161)로 옮겨, 잠시 쉬도록 안장하였다.

동해시립 발한도서관 (현재)

# 성직자 묘역에 안치되다

1951년 10월 10일, 라 파트리치오 신부의 유해는 묵호를 떠나 춘천 죽림동성당 성직자 묘역에 이전 안치되었다. 그날 장례미사에 참석했던 프란치스코 헬라히Francis Herlihy 신부는 다음과 같은 글*(Swords and Ploughshares pp.152-153.)*을 남겼다.

**장례미사는 널리 알려졌다.**

제단은 아치형의 성당 출입구에 만들어져 있었고, 신자들이 서 있는 둘레에는 깨어진 벽면의 돌들이 널브러져 있었다. 그 주위로 마을 사람들까지 모여들었다.

춘천은 여전히 유령도시였다. 장례식에 참석한 사람들은 대부분 여자들이었는데, 그녀들의 남편은 군대에 있거나 노동을 하거나, 실종자 혹은 사망자들이었다.

진혼곡(죽은 이를 위한 미사곡)을 부르는 20여 명의 신부님도 함께했다. 골롬반회 사제들과 한국인들, 그리고 두 명의 미군 군목도 있었다. 코넬 호그Colonel Hoge 중령은 서울에서 왔다. 토니 콜리어Tony Collier(고 안토니오 Anthony Collier 신부의 별칭, 1950년 6월 27일 순교)가 죽기 전 밤에 신부님들께 전화를 건 사람이 바로 그였다. 그리고 신부님과 죽을 운명이었던 가브리엘 김Gabriel Kim도 거기서 애도했다.

가을 하늘은 고요했다. 내려앉았다가 날아가는 새들은 보드랍고 고운 햇살 아래 그들의 기쁨을 노래했다.

사람들의 어리석음에 자비를 호소하듯이, 디에스 이레(Dies irae, 죽은 자를 위한 진혼미사곡 중 부속가)가 잡초와 폐허의 불모지를 가로질러 굴러가듯이.

라 파트리치오 신부 장례미사 (1951년 10월 10일, 죽림동성당)

# 아하, 여기구나!
## 라 파트리치오 신부의 순교터

## 1. 순교터

라 파트리치오 신부는 1950년 8월 29일, 7번국도 밤재굴(동해2터널) 남쪽으로 약 200m쯤 떨어진 골짜기(강릉시 옥계면 낙풍리 산47-3)에서 공산군에 총살당하여 순교하였다.

- 2007년 12월 27일 묵호본당 성화회 회원(이종옥 라파엘)이 순교비 건립
  - 강원도 강릉시 옥계면 낙풍리 산16-2(철도부지)

- 2017년 춘천교구에서 라 파트리치오 신부 순교기념공원 조성 부지 매입
  - 강원도 강릉시 옥계면 낙풍리 산47-3번지 임야 694㎡(210평))

- 2020년 3월 26일 순교터 조성 (순교비 이설)
  - 산16-2(철도 부지)에서 산47-3(천주교 춘천교구 부지)으로 이설

2007년에 건립되었던 순교비
강릉시 옥계면 낙풍리 산16-2번지 (철도 부지)

2020년 3월 26일 순교터 조성
산16-2(철도 부지)에서 산47-3(천주교 춘천교구 부지)으로 이설

라 파트리치오 신부 순교터 (현재)

라 파트리치오 신부 순교비

라 파트리치오 신부 순교터 안내표지

## 2. 가묘터

1950년 11월경, 백기조 중령과 이경재(알렉산델, 1926~1998년, 성 라자로마을 원장 역임) 부제가 순교터에서 라 파트리치오 신부의 유해를 묵호경비사령부로 모시고 왔다. 그리고 나서 사령부 초소 앞에서 10m쯤 내려간 밭(현 동해시립 발한도서관 앞 주차장, 발한동 241-9)에 가묘를 썼다.

**가묘터** 묵호경비사령부 초소 앞에서 10m쯤 내려간 밭
(현 동해시립 발한도서관 앞 주차장, 발한동 241-9)

## 3. 묵호성당 순교비(가묘터)

1951년 6월 1일, 골롬반회 지 벨라도Brian Geraghty (성 골롬반 외방선교회 한국본부 초대 지부장) 신부가 동료들과 함께 묵호경비사령부에서 라 파트리치오 신부의 유해를 묵호읍 발한리 232번지의 묵호성당 신축 예정지(현 묵호성당. 발한로 161)로 옮겨, 잠시 쉬도록 안장하였다.

- 1974년 건립 – 성당 마당 오른쪽
- 1985년 10월 3일 순교비 도색 작업
- 2003년 성모상 자리에 순교비 새로 건립(성당 마당 왼쪽)

순교비 (1974년 건립)
왼쪽 : 묵호성당 제10대 주임 유 디오니시오(D. Mcgonagle) 신부

순교비 (현재, 2003년 순교비 새로 건립)

라 파트리치오 사제 순교자 기념성당 표지석

## 4. 성직자 묘역

1951년 10월 10일, 라 신부는 묵호를 떠나 춘천 죽림동성당 성직자 묘역에 이전 안치되었다.

라 파트리치오 신부 묘소
(춘천 죽림동성당 성직자 묘역)

## 5. 순교터 찾아가는 길

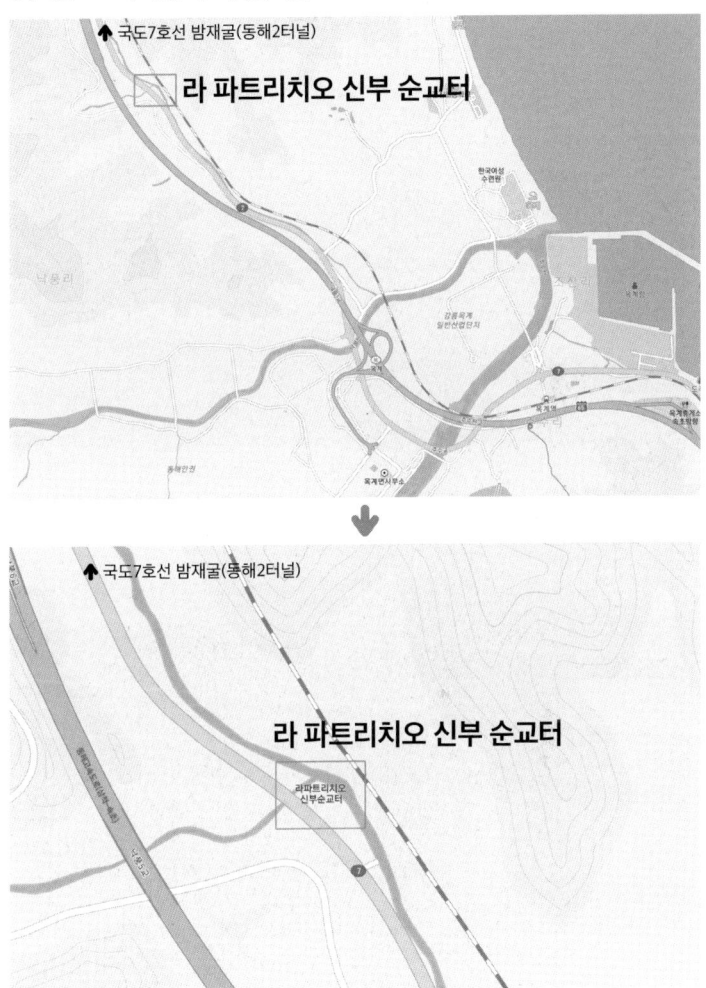

국도7호선 밤재굴(동해2터널) 남쪽으로 약 200m쯤 떨어진 골짜기
(강릉시 옥계면 낙풍리 산 47-3)

국도7호선 밤재굴(동해2터널) 남쪽으로 약 200m쯤 떨어진 골짜기
(강릉시 옥계면 낙풍리 산 47-3)

묵호성당에서 강릉 방향 국도7호선으로 16km쯤 가면
우측 표지판(오르막 차로)이 나온다. 이곳이 바로 순교터 입구이다.

## 라 파트리치오(Patrick Reilly) 신부 연보

1915. 10. 21.   아일랜드 출생
1915. 11. 19.   유아 세례
1934. 09.       달간 파크(Dalgan Park) 신학교 입학
1940. 12. 21.   사제 서품(골롬반회)
1941.           영국 클리프턴(Clifton)교구에서 사목
1947.           중국 상해에서 한국어 공부
1948. 01. 14.   한국 입국
1948. 05.       원주 원동성당 주임신부
1949. 09.       묵호 '바다의 별' 성당 주임신부
1950. 08. 29.   순교(밤재굴 남쪽 약 200m 지점)
1950. 11.       가묘터(현 발한도서관 앞 주차장)
1951. 06. 01.   묵호성당 안치
1951. 10. 10.   성직자 묘역(춘천 죽림동성당) 안장

## 【참고문헌과 자료】

· Record of the "martyrdom" of father Na(Rev. Patrick Reilly)
· "They Died in Korea", The Far East, Feb, Navan, 1951. Vol.XXXIV, No. 2, p. 7.
· "They Died in Korea", Articles on Korea in the Irish Far East 1918~1954 1, Seoul: Missionary Society of St. Columban, 2003, p. 240.
· "Father Relly's Last Days", The Far East, Sep, Navan, 1951, Vol.XXXIV, No. 8, pp. 2-3.
· "One Sunday Afternoon", The Far East, Sep, Navan, 1956, Vol.XXXIX, No. 9, pp. 2-4.
· Francis Herlihy, Swords and Ploughshares – Fifty Years of Mission in Korea, Blackburn, 1983, pp. 152-153.
· Articles on Korea in the Irish Far East 19181~954 1, Seoul: Missionary Society of St. Columban, 2003, pp. 255-256.
· Articles on Korea in the Irish Far East 1955~1962 2, Seoul: Missionary Society of St. Columban, 2003, pp. 75-77.

· 김창문 외 『한국 가톨릭 어제와 오늘』, 한국가톨릭사, 1988, p. 354.
· 오록 케빈, 『골롬반 선교』, 2018, 가을호, p. 16.
· 주교회의 시복시성주교특별위원회, 『'하느님의 종' 홍용호 프란치스코 보르지아 주교와 동료 80위』 제1집, 한국천주교중앙협의회, 2019, pp. 263-294.

· 『경향잡지』 제42권 995호, 1948. 2. 1.
· 『경향잡지』 제43권 1,015호, 1949. 10. 1.

· 성 골롬반 외방선교회 http://www.columban.or.kr/
· 성 골롬반 외방선교회 아일랜드 지부 https://columbans.ie/dalgan/
· 한국의 성지와 사적지 http://www.paxkorea.kr/

## 권석순 (데레사)

1952년에 태어나 1976년『강원일보』신춘문예와 1986년『월간문학』신인상에 당선되어 문단에 나왔다. 강릉원주대학교 대학원을 졸업하고 문학박사 학위를 받았으며, 강릉원주대학교와 강원대학교에서 글쓰기와 문학을 강의하였다. 현재 강원대학교 글쓰기센터 전문연구원으로 재직하고 있다.